우리가 쓰는 1, 2, 3 글자를 아라비아 숫자라고 해.
아라비아 상인들이 이 숫자를 세계 곳곳으로 퍼트려서
오늘날 우리가 손쉽게 셈을 할 수 있게 되었지.
아라비아에서 널리 퍼져 나간 건 숫자만이 아니야.
알라를 믿는 이슬람교도 이곳에서 탄생했단다.

아라비아에서 뻗어 나간 이슬람 제국

박혜정 글 | 서선미 그림

등에 커다란 혹이 난 동물, 낙타는 어디에 살고 있을까?
가도 가도 모래뿐인 척박한 사막에 가면 낙타를 볼 수 있어.
이런 곳에서 낙타는 무거운 짐을 실어 나르거나 사람을 태우고 다니지.
대단한 낙타! 사막에 사는 사람들에게 낙타가 있어서 참 다행이야.

사막에는 오아시스도 있어.
샘물이 솟아올라 식물이 자랄 수 있는 오아시스 근처에서
사람들은 크고 작은 도시를 이루며 살고 있지.
사막은 비가 오지 않아서 나무나 풀이 자라기 어려운 땅이거든.
세계 곳곳에 있는 여러 사막 중에서
오늘은 아시아에 있는 아라비아 사막으로 가 보자.

아프리카

아라비아반도

아라비아 사막은 아라비아반도에 있어.
아라비아반도는 아시아와 아프리카 사이에 있는 커다란 반도야.
세계의 반도 중에서 가장 크대.
우리가 살고 있는 한반도보다 열다섯 배쯤 더 커.
우리나라에서 출발하면 널따란 중국을 지나고,
초원과 사막이 펼쳐진 중앙아시아를 거쳐야만
서아시아에 있는 아라비아반도에 도착할 수 있어.
비행기를 타고도 열 시간 넘게 걸릴 만큼 멀지.

아시아

비행기가 없던 옛날에는 중국에서 서아시아까지 걸어 다녀야 했어.
상인들이 낙타에 짐을 싣고 오가던 길이 바로 '비단길'이야.
아! 배를 타는 방법도 있었지.
아라비아 상인들은 아라비아반도의 해안가에서 배를 타고,
인도나 중국을 오갈 수 있었어.

아라비아 상인들의 흔적은 우리가 지금 사용하는 숫자에 남아 있어.
0, 1, 2, 3… 이렇게 쓰는 숫자를 '아라비아 숫자'라고 하거든.
아라비아 숫자는 인도에서 처음 만들어졌지만,
아라비아 상인들 덕분에 구석구석 널리 퍼졌어.
읽기와 쓰기가 쉽고, 덧셈이나 곱셈 같은 계산을 할 때도 편리해서
전 세계의 많은 사람이 아라비아 숫자를 사용하지.

'알라딘과 요술 램프', '알리바바와 40인의 도적' 같은 이야기로 유명한
《아라비안나이트》라는 책에서도 아라비아 상인들을 만날 수 있어.
이야기의 주인공들은 낙타와 배 말고도 양탄자를 타고 하늘을 날아다니지.
물론 양탄자를 타고 하늘을 날 수는 없겠지만,
양탄자가 아라비아 상인들이 팔던 인기 상품이었던 건 맞아.

지금 아라비아반도에 있는 나라 중에서 가장 큰 나라는 '사우디아라비아'야.
사우디아라비아의 국기는 초록색 바탕에 흰색 무늬가 있어.
마치 뱀이 엉켜 있는 듯한 모양인데, 그건 그림이 아니라 글씨야.
"알라 외에 다른 신은 없으며 무함마드는 알라의 예언자이다."라는 뜻이래.

사우디아라비아와 멀지 않은 곳에 '이란'이라는 나라가 있어.
이란의 국기에서 초록색과 빨간색 부분 위에
하얗게 새겨진 무늬도 그림이 아니라 글씨야.
"알라는 위대하다."라는 뜻이래.

알라후 아크바르!

알라는 누구일까? 무함마드는 또 누구일까?

이 답을 찾기 위해서는 **무함마드**라는 사람을 알아야 해.

무함마드를 만나려면 1400년 전의 아라비아반도로 가야 하지.

사우디아라비아나 이란 같은 나라가 아직 만들어지지 않은 먼 옛날의 이야기야.

낙타에 짐을 실은 상인들이 사막을 오가던 때였지.

무함마드는 아라비아반도의 '메카'라는 도시에서 태어났어.
무함마드도 물건을 사고팔며 돈을 벌던 상인이었는데,
초승달이 뜬 어느 밤에 천사를 만나서 신의 이야기를 듣게 되었대.

"이 세상의 신은 하나뿐이다.
그 신을 '알라'라고 불러라.
알라를 믿으면 천국에 갈 수 있다.
세상 모든 사람은 알라 앞에서 평등하다."

무함마드도 처음에는 이상하다고 여겼지만,
천사를 여러 번 만나고 생각을 거듭거듭 하다 보니
알라의 말씀을 여러 사람에게 알려야겠다는 마음이 들었어.
무함마드는 가족들과 친척들, 그리고 메카의 더 많은 사람에게
알라의 뜻을 전하기 시작했지.

메카 사람들은 무함마드의 이야기를 귀담아듣지 않았어.

"세상에 신이 하나밖에 없다니, 말도 안 돼!
부족마다, 사람마다 각자 믿어 온 신들을 모두 무시하다니!"
"세상 모든 사람이 평등하다는 것도 말이 안 돼.
우리처럼 귀한 사람들과 가난하고 별 볼 일 없는 사람들이 어떻게 똑같아?"

귀족이나 부자, 부족의 우두머리들은 무함마드를 싫어했어.
무함마드가 조금씩 세력을 키우자 그를 없애기로 작정했지.

목숨이 위험해진 무함마드는 메카를 탈출하기로 했어.
메카에서 멀지 않은 오아시스 도시 '메디나'로 옮겨 갔지.
메디나 사람들은 무함마드를 따라 함께 기도하고 예배를 드리며
알라에 대한 믿음을 키워 나갔어.
무함마드를 괴롭히는 사람들과 맞서 싸울 수 있는 군대도 만들었지.
메디나에서 힘을 키운 무함마드는 강력한 군대를 거느리며 메카로 돌아왔고,
곧이어 아라비아반도 전체를 이끄는 지도자가 되었어.

무함마드를 따르는 사람들은 무함마드가 신의 예언자이고,
알라가 세상에 하나뿐인 신이라고 믿었어.
이렇게 탄생한 종교가 **이슬람교**야.
이슬람교를 믿는 사람을 '무슬림'이라고 해.
하나의 신을 믿고 무함마드가 정한 규칙을 따르면
훨씬 안정되고 평화롭게 살 수 있다고 생각한 사람들이지.
부족끼리 자주 다투고 먹을 것이 없어 고생하던 삶에서 벗어나고 싶었지.
그렇게 이슬람교를 믿는 사람들이 점점 늘어났어.

무슬림이라면 반드시 지켜야 하는 일이 몇 가지 있어.
그중 하나가 하루에 다섯 번 메카를 향해 예배를 드리는 일이야.
새벽, 한낮, 오후, 해가 진 직후, 밤 이렇게 하루 다섯 번,
매일매일 정해진 시간에는 하던 일을 멈추고 기도해야 해.

무슬림은 같은 시간에 같은 곳을 향해 기도하며 서로 하나 된 마음을 느낀대.
신이 사람들에게 베풀어 준 것이 많으니까
감사하는 마음을 가지고 기도하는 걸 당연하다고 여기는 거야.

비잔티움 제국

이슬람교가 아라비아반도에서
점점 힘을 키워 나갈 무렵, 그 근처 땅에서는
두 개의 큰 나라가 오랫동안 전쟁을 벌이고 있었어.
바로 '비잔티움 제국'과 '사산 왕조 페르시아'야.

비잔티움 제국을 '동로마 제국'이라고도 해.
서로마 제국이 멸망한 뒤에도 동로마 제국은 여전히 남아 있었지.
비잔티움 제국의 사람들은 크리스트교를 믿었고,
하느님과 예수님을 중요하게 여겼어. 수도인 콘스탄티노플에는
엄청나게 튼튼한 성벽이 있어서 누구의 공격을 받더라도 끄떡없었지.

여기는 사산 왕조 페르시아야.
첫 번째 페르시아는 알렉산드로스 대왕에게 멸망했지만
사산 왕조가 만든 새로운 페르시아가 전통을 이어 나가고 있었어.
이곳 사람들의 종교는 조로아스터교야.
사산 왕조 페르시아는 비단길이 지나는 무역의 중심지였는데,
비잔티움 제국과는 사이가 좋지 않았지.

사산 왕조
페르시아

여기에 새로운 도전자가 나타났어.
이슬람교를 믿는, 아라비아반도의 아랍인들이야!

비잔티움 제국과 사산 왕조 페르시아는
오랫동안 서로 싸우느라 힘이 많이 약해져 있었어.
이제 막 아라비아를 통일한 이슬람 세력은
활기가 넘치고 용감했지.

사산 왕조 페르시아는 이슬람 군대의 공격을 받고, 결국 멸망하고 말았어.

페르시아 사람들은 이슬람의 지배를 받게 되었지.

한편, 비잔티움 제국은 이슬람의 침입을 막아 냈어.

콘스탄티노플의 성은 정말로 튼튼했거든.

하지만 이슬람에 많은 땅을 빼앗기고 말았지.

이슬람 군대는 넓은 땅을 정복했지만,
모두에게 반드시 이슬람교를 믿으라고 강요하지 않았어.
다만, 이슬람교를 믿으면 세금을 적게 낼 수 있었고,
'신 앞에서 평등'하다며 존중받을 수 있었지.
이슬람교를 믿기 싫으면 세금을 좀 더 많이 내면 되었어.
너라면 어떻게 했을 것 같아?
이때에는 이슬람교를 믿기로 한 사람들이 훨씬 많았어.
무슬림의 수가 더욱더 늘어났지.

무슬림이 신에게 예배드리는 장소를 **모스크**라고 해.
수많은 모스크가 서아시아와 아프리카 곳곳에 세워지고,
지중해 건너 시칠리아섬과 이베리아반도에도 지어졌어.
이슬람교가 생긴 지 백 년도 안 되어서
아시아, 아프리카, 유럽에 넓은 땅을 가진 이슬람 제국이 탄생했지.

이슬람 제국은 점점 더 넓어졌지만, 무함마드가 죽자 위기가 찾아왔어.
새로운 지도자로 누구를 뽑을지 의견이 엇갈렸거든.

"무함마드는 예언자이고, 그의 가족도 특별해.
예언자의 자리는 무함마드의 가족이 잇는 게 좋겠어."
이렇게 주장하는 사람들이 있었어. '시아파'라고 해.

"무함마드는 예언자이지만, 그의 가족들까지 특별하지는 않아.
무슬림들이 의견을 모아서 지도자를 뽑는 게 좋겠어."
이렇게 주장하는 사람들도 있었지. '수니파'라고 해.

무함마드가 죽고 난 뒤에 수니파와 시아파 사람들은 심하게 다투었어. 둘의 사이는 벌어질 대로 벌어져서 제각각 다른 나라를 만들게 되었지. 이때부터 시작된 수니파와 시아파의 갈등이 오늘날까지 이어지고 있어.

시간이 흘러 이슬람 제국에 '아바스 왕조'가 들어섰을 때야.
아바스 왕조의 수도 바그다드는 비단길이 연결되는 번화한 도시였지.
비단길의 동쪽과 서쪽에는 그 당시 세계에서 가장 큰 두 개의 도시가 있었어.
동쪽에는 중국 당나라의 수도 '장안'이 있었고,
서쪽에는 아바스 왕조의 수도 '바그다드'가 있었지.

비단길을 사이에 두고 당나라와
아바스 왕조가 경쟁하다가 결국 전쟁까지 벌어졌어.
두 나라는 중앙아시아의 탈라스강 근처에서 맞붙었는데,
그곳에 살던 '튀르크인'들이 아바스 왕조를 도와주었지.
튀르크인들은 유목 민족이었고, 말과 활을 잘 다루었거든.
이들의 도움으로 아바스 왕조가 탈라스 전투에서 승리했어.
그 후, 튀르크인들도 이슬람교를 믿게 되었고 이슬람교는 널리 퍼져 나갔지.

중앙아시아의 유목 민족인 튀르크인,
사산 왕조 페르시아가 멸망한 후 이슬람교를 믿게 된 페르시아인,
맨 처음 이슬람교를 전파했던 아라비아반도의 아랍인들,
이렇게 다양한 사람들이 아바스 왕조에서 관리와 군인으로 일했어.

바그다드에는 유럽, 아프리카, 인도, 중앙아시아, 중국의 상인들이 드나들었지.
상업이 더욱 발달하고, 세금으로 걷는 돈도 어마어마했어.
학교와 도서관이 지어지자 학자들이 모여들었고,
수학, 의학, 천문학 같은 다양한 학문이 눈부시게 발전했지.
내과, 외과, 안과 같은 전문적인 병원까지 생겨날 정도였어.

이슬람 사람들이 늘 풍요롭고 평화로웠던 건 아니야.
이슬람 제국에도 몇 번의 어려움이 닥쳐왔거든.

예루살렘을 두고 이슬람과 크리스트교 사이에
큰 전쟁이 벌어지기도 했어. 바로 십자군 전쟁이야.
예루살렘은 예수님이 십자가에 못 박혀 돌아가신 곳이라서
크리스트교 사람들에게 무척 중요한 장소였지.
이곳을 이슬람 군대가 정복하면서 둘 사이에 전쟁이 벌어졌던 거야.
200년 넘게 계속된 전쟁으로 서로에 대한 나쁜 마음이 커져 갔어.

십자군 전쟁이 끝나 갈 무렵에는
몽골을 통일한 칭기즈 칸의 후손들이
세계 제국을 만들면서 이슬람 제국으로 쳐들어왔어.
아바스 왕조는 몽골의 침략에 맞서 끝까지 싸웠지만,
결국 바그다드의 성이 무너지면서 멸망하고 말았지.

몽골은 바그다드를 불태우며 도시를 잿더미로 만들었지만,
몽골 사람들도 이곳에 정착하며 이슬람교를 믿기 시작했어.
몽골인, 튀르크인, 페르시아인, 아랍인이
저마다의 나라를 만들면서도 모두 이슬람교를 믿었던 거야.
여러 나라가 만들어지고 사라지기를 반복하다가,
오랜만에 이 지역을 통일하는 강력한 나라가 등장했어.
튀르크인 출신의 오스만이라는 사람이 세운 **오스만 제국**이었지.

오스만 제국은 유목 민족의 후손이었어. 말을 잘 타고 활을 잘 쏘았지.
이슬람교를 믿었기 때문에 알라를 위해 싸우는 걸 자랑스러워했어.
처음에는 작은 나라였지만, 조금씩 조금씩 땅을 넓혀 나가면서
오랜 역사를 가진 비잔티움 제국과 맞부딪치게 되었지.

비잔티움 제국의 수도인 콘스탄티노플은
아시아와 유럽이 만나는 바다에 맞닿아 있었어.
바다와 육지에서 쳐들어오는 적들을 막기 위해
콘스탄티노플에는 높은 성벽이 두 겹 세 겹으로 둘러 있었지.
천 년이 넘도록 이 성벽을 무너뜨린 나라는 없었어.

그런데 오스만 제국은 비장의 무기를 준비했어.
황소 60마리가 간신히 끌 수 있다는 어마어마한 크기의 대포를 준비했던 거야.
대포가 무겁고도 강력한 탄알을 '슝!' 하고 쏘아 보내면
탄알 속에 들어 있는 화약이 '펑!' 하고 터지면서 성벽을 무너뜨렸어.
50일 넘게 이런 공격을 받자, 콘스탄티노플의 성벽도 버틸 수가 없었지.
비잔티움 제국의 땅과 지중해의 푸른 바다도 오스만 제국의 차지가 되었어.

오스만 제국은 수도를 콘스탄티노플로 옮겼어.
도시 이름도 '이스탄불'이라고 바꾸었지.
이스탄불의 시장에는 동서양의 아름답고도 귀한 물건들이 넘쳐 났고,
세계 곳곳에서 물건을 사고팔러 온 상인들이 북적거렸어.

이스탄불에는 '아야 소피아'라는 모스크가 있어.
원래는 '성 소피아 대성당'이라고 불리는 비잔티움 제국의 성당이었지.
비잔티움 제국의 황제가 즉위식을 하거나
크리스트교를 믿는 사람들이 예배를 드리던, 거대하고 아름다운 성당이었어.
오스만 제국은 이곳을 정복하고 나서 성당을 파괴하지 않고,
네 개의 뾰족한 탑만 더해서 모스크로 바꾸었지.
그 덕분에 1500년 넘게 한자리를 지켜 온 아야 소피아를 지금도 볼 수 있는 거야.

하지만 오스만 제국도 영원하지는 않았어.
지중해를 오스만 제국에 빼앗겼던 유럽 사람들은
대서양이라는 더 큰 바다를 개척하면서 새롭게 힘을 키워 나갔지.
유럽 나라들의 침략을 받으며 조금씩 약해지던 오스만 제국은
결국 제1차 세계 대전이라는 큰 전쟁에 휘말리고 말았어.
전쟁에서 진 오스만 제국은 많은 영토를 잃었고,
원래의 땅 중에서 일부분만 가지게 되었어. 나라 이름도 '튀르키예'로 바꾸었지.
튀르키예는 '튀르크인의 나라'라는 뜻이야.

전 세계에 이슬람교를 믿는 사람들이 20억 명 정도래. 정말 많지?
튀르키예, 사우디아라비아, 이란이 있는 서아시아 말고도
아프리카, 동남아시아, 중앙아시아 지역에 사는 많은 사람이
알라를 믿고 하루에 다섯 번씩 메카를 향해 기도해.
나라는 달라도 이들에게 이슬람교가 중요하다는 점은 똑같아.
사우디아라비아와 이란의 국기에 '알라'가 써 있는 까닭을 이제 알겠지?

나의 첫 역사 여행

이슬람교의 사원, 모스크

마스지드 알 하람

아라비아반도에서 가장 큰 나라는 사우디아라비아야.
사우디아라비아에 '메카'라는 도시가 있는데,
이곳은 이슬람교를 믿는 사람들에게 가장 중요한 장소지.
메카는 무함마드가 태어나 자란 곳이자, 이슬람교가 시작된 곳이거든.
사우디아라비아의 메카에 있는 마스지드 알 하람은
이슬람교의 최고 성지인 카바 신전을 둘러싸고 있는 모스크야.
무함마드가 메카를 정복한 뒤, 다른 신들을 섬기던 카바를
이슬람의 신전으로 바꾸었어. 카바의 동쪽 구석에는
이슬람교에서 신성하게 여기는 검은 돌이 박혀 있다고 해.
메카를 방문하는 성지 순례는 이슬람교도들이
꼭 지켜야 하는 다섯 가지 의무 중 하나야.
해마다 이슬람력으로 12월이 되면 이슬람교도들은
메카에 있는 카바 신전을 방문한단다.

카바 신전을 둘러싸고 있는 마스지드 알 하람

우마이야 모스크

우마이야 모스크

아시아 서쪽 끝에 시리아라는 나라가 있어. 시리아의 수도 다마스쿠스는 아주 먼 옛날부터 유럽, 아시아, 아프리카 사람들의 교류가 활발하게 이루어졌던 곳이야. 이슬람 왕조인 우마이야 왕조가 들어서면서 다마스쿠스에 이슬람의 모스크가 지어졌지. 715년에 완성된 우마이야 모스크는 크고 화려할 뿐만 아니라, 역사적으로도 중요한 이슬람 사원 중 하나야. 사원 정면에는 이슬람의 천국을 표현한 아름다운 모자이크가 있고, 3개의 뾰족한 첨탑과 130미터쯤 되는 기다란 예배당이 있어.

메스키타 사원

서아시아의 아라비아반도에서 탄생한 이슬람교는 북아프리카를 거쳐 유럽의 이베리아반도까지 세력을 넓혔어. 이베리아반도 남쪽의 코르도바 지역을 지배하게 된 이슬람의 라흐만 1세는 이곳에 거대한 모스크를 지었지. 785년에 지어지기 시작한 메스키타 사원은 200여 년에 걸쳐 점점 넓어지더니 2만 5천여 명이 들어갈 만큼 거대해졌어. 하지만 이후에 크리스트교를 믿는 사람들에게 정복당하면서 메스키타 사원에 크리스트교 예배당이 만들어지게 되었지. 그러면서도 원래의 이슬람 사원을 무너뜨리지는 않았어. 이슬람 사람들이 만든 기둥과 문양들 사이에 예수님의 십자가와 성모 마리아 동상이 자리 잡고 있는 특별한 곳이야.

메스키타 사원

나의 첫 역사 클릭!

다양한 학문을 꽃피운 이슬람 사람들

이슬람에서는 천문학이 발달했어.
천문학은 우주와 여러 행성이 어떻게 생겨나고 움직이는지를 연구하는 학문이야.
사람들은 천문학을 연구하며 달력을 만들고, 방향이나 위치를 알려 주는 도구도 만들었지.
고대 그리스에서 발달했던 천문학이 이슬람 지역에 알려지면서 '아스트롤라베'라는 물건도
함께 전해졌어. 아스트롤라베는 태양이나 별 같은 천체의 위치나 높이를 측정하는 도구야.
배를 타고 바다 위를 건널 때 배가 어디쯤 가고 있는지 알려 주기도 하지.
이슬람에서 발전을 거듭하며 더욱 정교해진 아스트롤라베가
훗날 유럽으로 전해지면서 유럽 사람들이 먼바다를 항해하는 데도 큰 도움이 되었어.

천문학을 연구 중인 이슬람 학자들

이슬람에서는 의학도 발달했어.
이슬람 의학을 대표하는 사람은 '이븐 시나'야. 이븐 시나가 쓴 《의학전범》이라는 책은
그 당시에도 여러 언어로 번역되어 중요하게 읽혔고, 훗날 유럽의 의과 대학에서
교과서로 사용되며 의학이 발달하는 데에 큰 역할을 했어.
이슬람 의학은 약물 연구, 인체 해부, 외과 수술, 치과 치료 등 다양한 성과를 이루었어.

| 아스트롤라베 | 이븐 시나의 《의학전범》 |

옛날 사람들은 구리나 납, 주석 같은 원료를 가지고
금이나 은 같은 귀금속을 만들 수 있다고 생각했대. 그런 기술을 '연금술'이라고 해.
이슬람 학자들도 연금술 연구에 힘을 기울였어.
물론 금이나 은을 만들어 내는 기술이 있을 리 없지만,
그 과정에서 물질의 구성이나 성질을 연구하는 과학 분야가 크게 발달했지.
알코올, 알칼리 같은 화학 물질의 이름도 아랍어에서 영향을 받은 거야.
아라비아 숫자와 영(0)의 개념을 확실하게 정해서
다양한 수학 분야가 발달할 수 있는 기반을 만든 것도 이슬람 사람들이지.

글 박혜정

성균관대학교 역사교육과에서 공부했습니다. 중학교에서 역사를 가르치며 학생들과 세계사의 재미를 나누고 있습니다. 두 아이의 엄마로, 아이를 무릎에 앉혀 놓고 그림책을 읽어 주던 때가 인생에서 빛나던 시절 중 하나라 여기고 있습니다.

그림 서선미

척박한 사막에서 누구보다 뜨겁게 살아간 이슬람인들의 숨결을 느끼길 바라는 마음을 담아 작업했습니다. 세종대학교 영어영문학과를 졸업하고 한국일러스트레이션학교에서 그림책을 공부했습니다. 그린 책으로 《새로운 조선을 꿈꾼 영조와 정조》, 《아기장수 우투리》, 《범아이》, 《마을은 맨천 구신이 돼서》 등이 있습니다.

나의 첫 세계사 6 — 아라비아에서 뻗어 나간 이슬람 제국

1판 1쇄 발행일 2023년 2월 27일

글 박혜정 | **그림** 서선미 | **발행인** 김학원 | **편집** 박현혜 | **디자인** 박인규
저자·독자 서비스 humanist@humanistbooks.com | **용지** 화인페이퍼 | **인쇄** 삼조인쇄 | **제본** 영신사
발행처 휴먼어린이 | **출판등록** 제313-2006-000161호(2006년 7월 31일) | **주소** (03991) 서울시 마포구 동교로23길 76(연남동)
전화 02-335-4422 | **팩스** 02-334-3427 | **홈페이지** www.humanistbooks.com

글 ⓒ 박혜정, 2023 그림 ⓒ 서선미, 2023
ISBN 978-89-6591-491-4 74900
ISBN 978-89-6591-460-0 74900(세트)

- 이 책은 저작권법에 따라 보호받는 저작물이므로 무단 전재와 무단 복제를 금합니다.
- 이 책의 전부 또는 일부를 이용하려면 반드시 저작권자와 휴먼어린이 출판사의 동의를 받아야 합니다.
- **사용연령 6세 이상** 종이에 베이거나 긁히지 않도록 조심하세요. 책 모서리가 날카로우니 던지거나 떨어뜨리지 마세요.